CONSIDÉRATIONS GÉNÉRALES

SUR

L'APPLICATION DE LA LOI

DU 5 JUIN 1875,

Relatives aux diverses Réformes Pénitentiaires,

DÉDIÉES

A la Commission de Surveillance des Prisons civiles de Perpignan.

PAR

P.-J.-F. AUBERGE,

Vice-Président de la Commission de Surveillance des Prisons civiles de Perpignan,
Docteur en médecine,
Ancien Médecin Principal des Armées
et en Chef de l'Hôpital militaire de Bône (Algérie),
Officier de la Légion-d'Honneur, etc.

(Fais ce que dois, advienne que pourra.)

PERPIGNAN,
TYPOGRAPHIE DE CHARLES LATROBE,
1, Rue des Trois-Rois, 1.

—

1879.

CONSIDÉRATIONS GÉNÉRALES

SUR

L'APPLICATION DE LA LOI

DU 5 JUIN 1875,

Relatives aux diverses Réformes Pénitentiaires,

DÉDIÉES

À la Commission de Surveillance des Prisons civiles de Perpignan,

PAR

P.-J.-F. AUBERGE,

Vice-Président de la Commission de Surveillance des Prisons civiles de Perpignan,
Docteur en médecine,
Ancien Médecin Principal des Armées
et en Chef de l'Hôpital militaire de Bône (Algérie),
Officier de la Légion-d'Honneur, etc.

(Fais ce que dois, advienne que pourra.)

PERPIGNAN,

TYPOGRAPHIE DE CHARLES LATROBE,

1, Rue des Trois-Rois, 1.

—

1879.

A Son Excellence,

Monsieur le Ministre,

Secrétaire d'Etat

au Département de l'Intérieur.

UTILITÉ, VÉRITÉ, APPLICATION.
Dr F. AUBERGE.

COMMISSION DE SURVEILLANCE.

M. Le Préfet, Président-né.

MM. Le Président du Tribunal civil, \
Le Procureur de la République, } Membres de droit. \
Le Maire de la ville de Perpignan, /

MM. Auberge François, *Vice-Président*, Officier de la Légion-d'Honneur ;

Durocher Jules, *Secrétaire ;*

Amouroux Adolphe, *Membre ;*

De Romeu François, *Idem ;*

Ferrer Léon, *Idem ;*

Sèbe Alexis. *Idem ;*

Saly Pierre, Curé de la Réal, *Idem ;*

Massot Justin, Chevalier de la Légion-d'Honneur, *Idem* ;

De Rovira Henri, *Idem ;*

Saisset Albert, *Trésorier*, *Idem.*

Nota. — La Commission se réunit, de rigueur, le premier lundi de chaque mois, à deux heures du soir, dans un local spécial, à la prison.

Monsieur le Ministre,

I

En examinant avec attention les divers mouvements qui s'opèrent dans les prisons civiles, on est naturellement autorisé à se demander si le moment ne serait pas venu de donner à la Loi du 5 juin 1875 une impulsion plus énergique. Il importe, selon moi, que cette réforme pénitentiaire soit opérée le plus promptement possible et dans la mesure la plus étendue. Il me paraît essentiel d'isoler complétement tous les prisonniers depuis leur entrée jusqu'à leur sortie de la prison.

Pour appuyer mes justes prétentions que je considère comme les seules salutaires, je dois répéter les nobles paroles de l'honorable M. Bérenger, Sénateur, Vice-Président du Conseil supérieur des Prisons, à la séance du lundi 16 décembre 1878, au Sénat. Etant rapporteur de la Loi du 5 juin 1875, cet illustre Sénateur a pu constater qu'en vingt-cinq ans, le nombre des récidivistes avait doublé, et que chaque année les prisons vomissaient en quelque sorte 68,000 malfaiteurs, prêts à tout sur la société. Que voir de plus fort ? de plus concluant !

En disant que le prisonnier doit vivre, travailler et dormir dans le plus grand isolement, je désire qu'il n'ait point le moindre rapport avec ses co-détenus et qu'on le mette à même de pouvoir être plus accessible à ses élucubrations naturelles. De cet isolement continuel, doit nécessairement naître une pensée qui s'éloigne, pour reparaître, grandir, prendre de la consistance et enfin se fixer dans son esprit qui la retient captive pour quelque temps. A cette pensée, succède bientôt la réflexion par affinité de relation. Oh ! déjà la réflexion commence à faire sentir son influence dans les idées du prisonnier et lui infiltre la sagesse dans ses idées. Elle nous rappelle cet adage qui dit : que la réflexion rend sage.

Dans cette situation, le prisonnier est déjà préparé et conséquemment susceptible à la transformation. M. l'Aumônier de la prison lui donne, dès ce moment, des leçons de morale, M. le Curé de la paroisse qui est chargé par la Commission de surveillance, dont il est Membre, de l'instruction des prisonniers, lui apporte aussi des paroles de paix, de morale et de transformation. M. le Président de la Commission de surveillance lui donne les conseils que son expérience lui rappelle et enfin, M. le Membre de la Commission de semaine lui expose les qualités et la parfaite honorabilité de l'homme de bien.

Le prisonnier remplit sa tâche dans un travail manuel qui lui est imposé et rémunéré pour les heures règlementaires qui lui sont appliquées et qui lui constituent un pécule qu'il reçoit à sa sortie de prison. Voilà déjà les inappréciables bienfaits qui résultent de la position du prisonnier qui a été éloigné de ses co-détenus.

Si ce détenu, durant le cours de sa détention, avait vécu en commun avec les autres détenus, les leçons de morale, de sagesse et de transformation ne lui auraient point laissé cette satisfaction morale qui nous donne l'espérance d'une prochaine conversion et qui signale déjà le bonheur.

L'exemple se montre à nos yeux très souvent dans notre

prison de Perpignan, où les détenus vivent en commun. Quand on vient appeler un détenu qui travaille avec ses co-détenus pour une conférence avec M. l'Aumônier ou un Membre de la Commission de surveillance, et qu'après avoir été saturé des délicieux effets de cette conférence, ce détenu revient à l'atelier du travail pour y continuer sa tâche, les voisins qui l'entourent, même à une grande distance, en employant l'alphabet des muets, sans faire le moindre bruit, lui adresseront des rigueurs, des moqueries et des injures qui ne seront point connues ni appréciées par le Gardien ordinaire du service de surveillance. Voilà donc, en un seul instant, les progrès qui avaient été obtenus par le seul fait de quelques conférences morales secrètes, entièrement perdus. L'esprit du détenu devient défiant et incrédule sur la conversion, et rarement l'obéissance, la douceur et une véritable confiance y retrouvent carrière, ni demeure.

Cette seule citation est d'une trop grande importance pour ne pas y attacher une attention très sérieuse. Il me paraît bien plus naturel d'attendre que des esprits pratiques de très grande conviction aient apporté la lumière à cette question qui, au premier aperçu, bouleverse les plus sévères réflexions, en venant affirmer avec la plus forte assurance que sans cette transformation des âmes par le moyen que je viens d'exposer, il ne me paraît pas possible de réussir dans ce travail de haute moralisation, tandis qu'en employant les mêmes moyens que je viens de développer, cette transformation des âmes est presque certaine dans le plus grand nombre de cas.

Ainsi, j'appelle de tous mes vœux les plus ardents la complète exécution de la Loi du 5 juin 1875 avec les indications précises que je viens de faire connaître, et avec tous les détails qui m'ont paru devoir mettre en relief cette belle transformation des âmes, si précieuse pour la société et pour la satisfaction humaine.

En attendant de pouvoir prendre part à ce grand bonheur national par une active collaboration, je vais avoir l'honneur de communiquer les ressources que la Commission de surveillance met en usage pour arriver à la conversion de quelques détenus méritants à leur sortie de prison.

Ainsi, les condamnés, à moins d'une maladie constatée, sont livrés au travail manuel ; un Frère de la doctrine chrétienne leur fait tous les matins, pendant une heure, une classe élémentaire ; ils peuvent lire des ouvrages de piété et de morale qui sont déposés sous la garde du Gardien chef, dans une bibliothèque qui a été offerte par la Commission de surveillance aux détenus méritants. Ils ont des conférences avec M. l'Aumônier et assistent à la messe du dimanche.

La Commission les visite après la séance qui a lieu dans un local spécial de la prison, le premier lundi de chaque mois à deux heures du soir, et le Membre de la Commission de service les visite durant sa semaine et principalement aux heures des repas. Il existe un registre ad hoc, pour recevoir les observations de ce Membre.

Les jeunes détenus méritants sont patronnés par la Commission, à leur sortie de prison. Ils reçoivent des effets d'habillement et sont placés en qualité d'apprentis chez des maîtres ouvriers, suivant la profession qu'ils ont choisie. Une Sous-Commission nommée, traite et assure les conventions par un acte notarial entre la Commission et le maître ouvrier. La Commission supporte tous les frais d'habillement et autres pendant la durée de cet apprentissage. A sa sortie, il reçoit de son patron un certificat de capacité et de bonne conduite et la Commission ne le perd pas de vue jusqu'à l'âge de 21 ans. Enfin, si cet ouvrier reste méritant, la

Commission le patronne jusqu'à ce qu'il puisse se passer de son appui par ses propres qualités et par ses vertus.

La Commission de surveillance patronne les détenus méritants à leur sortie de prison ; elle leur donne, suivant la volonté de la Fondation, des secours soit en effets d'habillement, soit en argent, soit en outils. Elle dirige sur l'asile de Saint-Léonard, à Couzon (Rhône), des libérés amendés et repentants, où ce bon et digne collaborateur les livre à l'agriculture et à la cordonnerie clouée ou cousue.

La Commission de surveillance, constituée en Société de patronage des libérés amendés et repentants de tout âge, depuis le 21 décembre 1875, a essayé le patronage dans le département des Pyrénées-Orientales et dans les départements circonvoisins, sans une grande réussite ; néanmoins, elle a obtenu plusieurs placements individuels dans les départements les plus rapprochés où elle était plus connue. Je me persuade même que pour arriver à ce but si ingrat et si peu dans nos habitudes, il faudra subir plusieurs défaillances. Quoiqu'il en soit, si la situation ne se montre pas plus rebelle, je vais employer mon influence à cette transformation morale qui répand la joie dans le succès et la revendication après un échec, en augmentant nos moyens d'action pour obtenir dans ce nouveau patronage individuel et collectif soit dans le département que j'habite, soit dans les départements circonvoisins, des résultats plus grands.

II

Je désire ardemment avec M. J. Dufaure, notre illustre Président de la Société générale des Prisons et ancien Président du Conseil des Ministres, qu'une institution aussi utile que celle qui prescrit l'emprisonnement individuel par suite de la Loi du 5 juin 1875, n'existe pas que dans les Ordonnances qui l'ont créée ; « j'entends, ajoute M. Dufaure, qu'elle soit une réalité vivante et féconde. »

Ainsi, en nous rappelant ces différents efforts de conversion que le prisonnier a dû faire pour arriver à une démonstration, nous avons pu nous convaincre que l'homme qui se régénère, c'est-à-dire qui se spiritualise, dépouille l'homme charnel et franchit résolûment les portes de la mort pour entrer dans le sanctuaire de la vie. Voilà donc un prisonnier qui vient d'acquérir le bonheur de croire par suite de sa nouvelle transformation morale. Il n'est plus permis d'ignorer, d'après cette démonstration, la puissance du levier des croyances dans les âmes qui viennent de recevoir les bienfaits de la vérité. Il se traduit par la douceur, la soumission, la confiance, le travail, la persévérance, la discrétion, la morale, la reconnaissance, l'instruction et surtout l'éducation. Le caractère de celui qui travaille devient meilleur, plus tolérant, plus agréable pous ses semblables.

Le Gouvernement, tout en se montrant très heureux d'une pareille transformation des âmes, qu'il a sollicitée et obtenue de son initiative, doit soutenir ce néophyte et l'aider puissamment dans sa nouvelle position sociale, car ce transformé lui a apporté une somme morale bien plus considérable que celle demandée par le Gouvernement.

Une colonie pénitentiaire par sectionnements serait établie pour recueillir les libérés totalement transformés. Ces libérés seraient désignés et envoyés à M. le Ministre de l'Intérieur par MM. les Inspecteurs-Généraux des Prisons, sous l'approbation de M. le Préfet de chaque département, qui aurait acquis par lui-même l'assurance de cette transformation morale et fait un rapport spécial.

Après une soumission parfaite dans les deux grandes épreuves de transformation morale, ce détenu, reconnu ainsi transformé, pourrait-il demander l'association d'une compagne par le mariage, qui puisse l'aider dans les travaux de colonisation ? Oui, si la demande était accompagée et appuyée par une enquête sévère au point de vue de la pure moralité et aussi recommandée par l'autorité civile.

Que d'actions de grâces et combien de cœurs reconnaissans à un si noble bienfait ! à ce grand et brillant résultat auquel le gouvernement attacherait le bouquet d'une superbe et universelle satisfaction !!!

Le fonctionnement uniforme qui existe dans les prisons civiles de France et de ses dépendances deviendrait d'une régularité parfaite, identique sur tous les points, et finirait par amener une réhabilitation générale très inattendue et porter en même temps une influence salutaire sur le monde entier. Cette pensée de haute et puissante civilisation réagirait sur nos progrès et sur nos habitudes sociales.

III

Mais après l'exposé de cette transformation morale qui peut amener les résultats les plus brillants et les plus étendus, je dois rentrer dans mes éléments d'organisation pour me faciliter le patronage des libérés amendés et repentants de tout âge de la Société de Perpignan qui s'en occupe d'une manière incessante.

Cette Société de patronage dont j'ai l'honneur d'être le Vice-Président, Monsieur le Ministre, me charge de vous demander très-instamment que la Commission de surveillance des prisons civiles de Perpignan (Pyrénées-Orientales), constituée en Société de patronage des libérés amendés et repentants de tout âge, le 21 décembre 1875,

« *Soit déclarée et reconnue comme établissement d'utilité publique.* »

Cette Société de patronage, soit dans son asile, soit au dehors, soulage les infortunes et prête aide et assistance par son double patronage collectif et individuel, à 120 ou à 130 libérés par an.

Cette dénomination d'établissement d'utilité publique décidera bien des personnes hésitantes pour augmenter les ressources coopératives à envoyer ou à promettre des secours pour les détenus. Elle contribuera puissamment à répandre plus activement des secours et des moyens de moralisation, en appelant par son prestige seul des dons particuliers, des dispositions de charité, de bienfaisance, par des âmes généreuses, ainsi que des promesses par des hommes de bien et d'une philantropie éprouvée. C'est donc, Monsieur le Ministre, un désir de charité très-utile et de parfaite appréciation que je sollicite de votre puissante et généreuse sollicitude pour les bonnes âmes. Je ne crains même pas de vous avouer que celles ne notre ville de Perpignan se montreront reconnaissantes à votre généreux appel de charité, et la Commission de surveillance vous devra ce grand bonheur.

La Commission de surveillance, constituée en Société de patronage des libérés de tout âge a son siége rue de l'Ancienne Comédie, nº 1, à Perpignan.

Permettez-moi maintenant, Monsieur le Ministre, de vous rappeler que vous avez fait l'honneur à la Société de patronage des libérés, à Perpignan, de figurer à la répartition budgétaire des exercices 1877 et 1878, pour une somme de 400 francs d'allocation par an, à titre d'encouragement.

En présence de l'extension que la Société de patronage des libérés se propose d'opérer cette année et aussi de la demande de permettre à cette Société de patronage de se recommander, sous la dénomination d'établissement d'utilité publique, ne pourriez-vous pas, Monsieur le Ministre, lui accorder une augmentation annuelle, au-dessus de la somme de 400 francs qu'elle reçoit déjà depuis deux ans avec un bonheur insigne ?

La Société de patronage des libérés de Perpignan accepte d'ores et déjà et avec reconnaissance telle disposition qu'il vous plaira de lui faire connaître, Monsieur le Ministre, mais elle a jugé indispensable de vous instruire de tous ces faits.

Je suis avec un très-profond respect,

Monsieur le Ministre,

De votre Excellence,

Le très-humble et très-dévoué serviteur.

Dʳ F. AUBERGE, *Vice-Président*.

SOCIÉTÉ DE PATRONAGE DE PERPIGNAN.

La Société de patronage de Perpignan a compris que ce qu'elle accordait à divers titres aux patronnés ne devait pas toujours avoir le caractère d'un don gratuit, lorsque les patronnés sont valides et peuvent travailler dans les ateliers de l'Etat ou dans les grandes manufactures. Ce seront, désormais, des avances, et ceux qui les recevront devront nous les rembourser par le produit de leur travail, par légers à-comptes, lorsqu'ils seront en mesure de le faire.

Bien que le patronage des libérés soit peut-être l'expression la plus pure et la plus haute de la charité chrétienne, il doit, selon nous, avoir un caractère spécial : il ne faut pas qu'il se permette vis-à-vis de ceux qui ont violé, très souvent de parti-pris, les lois divines et humaines, les libéralités, les élans de bienfaisance que justifient les infortunes bien autrement intéressantes qui sont l'unique résultat de la maladie, de la faiblesse physique et morale et de l'âge.

A notre avis, expose M. Jules de Lamarque « que la mort « vient de nous ravir si cruellement, » les sociétés de patronage qui voudront bien tendre aux libérés une main secourable pour faciliter leur relèvement, devront observer trois principes essentiels :

Premièrement, n'accorder le bienfait du patronage qu'aux individus qui leur paraîtront amendés;

Deuxièmement, ne leur accorder des secours, en attendant qu'ils aient trouvé du travail, qu'à titre d'avances qui devront être remboursées par légers à-comptes;

Troisièmement, exclure du patronage tout individu qui, sous un prétexte quelconque, refusera l'occupation qu'on lui aura procurée, ou ne travaillera pas d'une manière suivie.

Ces principes nous ont paru tellement importants que nous avons cru devoir rappeler l'institution du 28 mai 1842 portant la signature illustre de M. le comte Duchatel, alors Ministre de l'Intérieur. Cet éminent homme d'Etat aurait désiré dans son institution du 28 mai 1842 que toutes les Commissions de surveillance des prisons voulussent bien se constituer en Comités de patronage, en traçant ainsi quelques règles pour l'établissement des sociétés de patronage.

« Il assurait même qu'à l'aide d'une pareille organisation, l'œuvre du patronage général des libérés ne semblait avoir rien que de praticable et d'aisé même. »

Je ne puis point terminer mes considérations sur le patronage des libérés amendés sans rappeler et recommander les pénitentiers agricoles de la Corse, dont la pensée primitive et l'exécution sont attribués à M. Thuillier, Préfet de la Corse au commencement du second Empire. Cet homme de bien avait compris en prenant possession de son département qu'il devait, tout d'abord, lui donner la sécurité sans laquelle rien n'est possible. Aussi avait-il placé en tête du programme de son administration : « suppression des bandits qui détruisaient les personnes, suppression des chèvres qui ravageaient les propriétés. » Cette double recommandation reçut son exécution par la sévère exécution de deux lois votées par les Chambres sur la proposition du Préfet Thuillier, suivant les vœux exprimés par le Conseil général. La première loi prohibant le port de toute arme cachée ou apparente, la seconde réprimant le vagabondage des bestiaux.

La première colonie pénitentiaire fut établie à Chiavari, au Sud du golfe d'Ajaccio, aujourd'hui complétement assainie par la disparition totale des foyers de pestilence qui amenaient annuellement des fièvres de marais. Coti et Laticaps ont été convertis en maisons d'exploitation.

Casabianda qui est situé à 73 kilomètres au sud de Bastia et au Centre de la plaine d'Aléria est un pénitencier qui vient d'être complétement assaini par des travaux de desséchement des étangs, aujourd'hui terminés.

Ces pénitentiers agricoles réunis pourraient bien recevoir les libérés méritants, comme dernière épreuve, avant de les envoyer dans un pays pour former des colonies nouvelles.

Je livre ces réflexions à la méditation des hommes de bien et créateurs de bonnes œuvres.

SOCIÉTÉ GÉNÉRALE

DES

PRISONS

MONSIEUR LE PRÉSIDENT,

La Société générale de Patronage de Paris avait entrepris l'année dernière la publication d'un *Bulletin du Patronage et des œuvres préventives*, devant paraître quatre fois par an.

A la suite d'un accord survenu entre cette Société et la Société générale des Prisons, il a été convenu que cette publication ne serait pas continuée, mais que le *Bulletin* de la Société générale des Prisons contiendrait régulièrement tous les deux mois, sous la rubrique de *Revue du Patronage*, les documents et les notices qui se rattachent à la question du patronage en France et à l'étranger.

Cette revue du Patronage sera tirée à part, aux frais de la Société générale du Patronage, et distribuée par elle à ses adhérents.

En faisant cette publication, la Société générale des Prisons poursuit un double but : elle désire d'abord appeler sur des œuvres dont le succès est nécessaire à celui de la réforme pénitentiaire elle-même, l'attention et l'intérêt du public.

Elle cherche ensuite à fortifier, entre les diverses sociétés de patronage françaises et étrangères, associées dans une même pensée et par un même but, les liens de bon accord et de bon exemple qui se sont formés depuis quelques années.

Elle voudrait également placer sous les yeux de ses adhérents et du public une liste complète, incessamment tenue au courant de leur situation, des œuvres de patronage qui existent aujourd'hui ou qui seront fondées par la suite.

Je viens donc vous prier en son nom, pour lui faciliter la tâche difficile qu'elle désire remplir, de vouloir bien répondre au Questionnaire ci-joint et de me le renvoyer le plus tôt possible.

Je vous demanderai également de vouloir bien à l'avenir nous adresser chaque année le compte-rendu de vos travaux et l'indication des changements survenus dans le personnel et le règlement de votre Société. Nous en publierons le résumé dans notre *Bulletin*.

Veuillez agréer, Monsieur, l'expression de mes sentiments les plus distingués.

Le membre du Conseil supérieur des Prisons,
secrétaire général de la Société,

FERNAND DESPORTES.

Questionnaire relatif aux Sociétés de Patronage.

1º Sous quel titre votre Société a-t-elle été fondée ?

2º Quel est son siége actuel ?

3º Depuis quand et dans quelles circonstance a-t-elle été établie ?

4º A-t-elle été fondée soit avec le concours des autorités départementales ou municipales, soit avec celui des commissions de surveillance des prisons ?

5º Quel est le nombre de ses membres, et de quelles personnes est composé son conseil de direction ?

6º Quelles sont ses ressources pécuniaires ? Reçoit-elle des subsides de l'Etat, du département ou des municipalités ?

7º Combien de libérés a-t-elle patronnés depuis sa fondation ?

8º De quelle manière exerce-t-elle le patronage : placement individuel, asile, secours en argent ou en nature, rapatriement, etc. ?

9º Quels résultats a-t-elle obtenus ?

10º Pourriez-vous nous envoyer :

    1º Un exemplaire imprimé ou une copie de ses statuts ?

    2º Un compte-rendu de son dernier exercice ?

Réponses au Questionnaire.

1º La Société a été fondée sous le titre de Société de Patronage de Perpignan.

2º Le siége actuel de cette Société est rue de l'Ancienne-Comédie, nº 1, à Perpignan.

3º Cette Société a été établie le 21 décembre 1875, à la

suite des dispositions engageantes et si bienveillantes de la circulaire ministérielle du 15 octobre 1875 sur l'organisation des sociétés de patronage pour les condamnés libérés amendés et repentants. En un mot, la Commission de surveillance des prisons civiles de Perpignan, qui patronnait déjà les jeunes adultes, a étendu ses moyens de patronage aux libérés de tout âge pour seconder le Gouvernement dans l'œuvre de la réforme pénitentiaire.

4° La Société de patronage de Perpignan a été formée avec le concours de l'autorité préfectorale et avec celui de la Commission de surveillance des prisons civiles de Perpignan.

5° Le nombre de ses membres actifs est de dix, non compris M. le Préfet du Département qui est toujours et de droit, le Président-né, ainsi que MM. le Président du Tribunal civil, le Procureur de la République et le Maire de la ville de Perpignan qui sont aussi membres de droit ; mais son conseil de direction est composé de MM. le Préfet, Président d'honneur ; François Auberge O. ✳, Président actif ; Adolphe Amouroux, Vice-Président ; Jules Durocher, Secrétaire-général ; Albert Saisset, Trésorier-Archiviste.

Membres : MM. François de Romeu, Léon Ferrer, Alexis Sèbe, l'abbé Saly, Justin Massot, ✳, Henri de Rovira.

6° Les ressources pécuniaires de la Société de patronage au 1er juin 1879 sont de 1,781 fr. en trois titres de rente 3 p. % qui sont le produit d'une Fondation constituée par plusieurs personnes charitables et notamment par Madame veuve Auberge, née Couret. Ces ressources sont administrées par le Conseil général des Pyrénées-Orientales qui, annuellement, capitalise les recettes qui peuvent se produire en reportant les sommes capitalisées à l'exercice suivant. Mais alors quand ces excédants de recettes ont constitué une somme assez ronde, M. le Préfet, sur la demande de la Fondation, fait prendre par la Recette générale un titre de rente de 3 p. $^0/_0$ au profit de la Fondation.

La Société de patronage de Perpignan a été admise par la bienveillance de M. le Ministre de l'Intérieur aux Exercices des années 1877 et 1878 pour une allocation budgétaire de 400 fr. par an, mandatée au nom du Président, sur la demande de M. le Préfet.

7° La Société qui exerce le patronage, a patronné deux cents trente-neuf libérés depuis sa fondation qui date du 21 décembre 1875.

8° La Société exerce le patronage en employant divers moyens ; ainsi, cette Fondation est affectée a donner des secours, soit en argent, soit en habillements, soit en outils aux détenus méritants qui en feraient la demande à leur sortie de prison. Les jeunes détenus sont également patronnés à leur sortie de prison ; ils reçoivent des effets d'habillements et sont placés comme apprentis chez des maîtres ouvriers, suivant la profession qu'ils ont choisie. La Société de patronage les surveille jusqu'à la fin de leur apprentissage et ne les perd pas de vue jusqu'à l'âge de 21 ans. Elle fait des placements individuels et elle envoie à l'asile Saint-Léonard, chez l'excellent fondateur, M. l'abbé Villion, les libérés méritants qui sont livrés aux travaux de l'agriculture et à la cordonnerie clouée ou cousue.

Après la séance du 1er lundi de chaque mois, à deux heures du soir, dans la salle de ses délibérations, le Président, le Vice-Président, le Secrétaire-général, le Trésorier, et deux Membres du Conseil de direction, en présence du Gardien-chef (M. le Directeur ayant son siége à Carcassonne), examinent le dossier de chacun des détenus méritants qui sont libérables dans le courant du mois et dont les noms auront été réunis préalablement dans un état par les soins du commis-greffier, et d'après les renseignements recueillis par le Gardien-chef. C'est donc sur ces détenus méritants seulement que la Société de patronage de Perpignan aura à statuer pour des emplois individuels ou collectifs si, au moment de la sortie de la prison de Perpignan, elle pouvait en disposer en leur faveur. La Société de patronage pourra toujours accorder aux détenus méritants qui lui seraient signalés à titre de secours, des effets d'habillement, des outils et de l'argent.

La Société de patronage de Perpignan admet la première récidive pourvu que des motifs particuliers et signalés ne viennent paralyser la détermination de la Société. La seconde récidive est encore agréée, mais il est nécessaire qu'elle mentionne que la fatalité plutôt que des motifs, même légers, l'aient amenée.

La Société de patronage repousse toujours une troisième récidive.

9o Si la Société de patronage a été assez favorisée pour obtenir quelques beaux et heureux résultats, elle déplore très amèrement les déceptions assez nombreuses dont elle a été atteinte.

Mais, fidèle à ses principes, elle est trop attachée à ses devoirs pour ne pas admettre et surtout pour ne pas essayer cette maxime :

« La difficulté de réussir doit faire naître la nécessité d'entreprendre. »

10o La Société de patronage a l'honneur de vous adresser :

1º Une copie de ses statuts.

2o Un compte-rendu de ses derniers travaux, intitulé : Considérations générales sur l'application de la loi du 5 juin 1875 relatives aux dernières réformes pénitentiaires (1879).

Statuts de la Société de patronage de Perpignan.

I. — Une Société est instituée sous le nom de Société de patronage de Perpignan.

II. — Elle a pour objet de contribuer, par les moyens indiqués dans l'article III, ci-dessous, à l'amélioration du régime pénitentiaire en France.

III. — Elle se propose d'atteindre ce but :

1o Par l'institution de réunions périodiques où seront examinées les questions ayant trait au régime de nos établissements pénitentiaires ;

2o Par des publications périodiques et spéciales.

IV. — Elle est administrée par un Conseil de direction de :

1o Un Président d'honneur ;

2o Un Président actif ;

3o Un Vice-Président ;

4o Un Secrétaire-général ;

5o Un Trésorier-Archiviste ;

6o Six Membres actifs.

Le Président, ou à son défaut le Vice-Président, préside les réunions, propose les sujets de délibération, recueille les votes et les suffrages. Il nomme des Commissions, convoque au besoin les réunions extraordinaires et signe, avec le Secrétaire-général, les procès-verbaux, les délibérations, les diplômes et autres actes. Il signe aussi la correspondance et représente la Société dans ses rapports avec l'autorité.

Le Secrétaire-Général rédige les procès-verbaux des séances, fait ou fait faire les lettres de convocation et toutes les écritures.

V. — Tous les Membres du Conseil sont élus pour trois ans ; ils sont immédiatement rééligibles.

VI. — Les élections se font au scrutin secret et à la majorité des Membres présents. Au deuxième tour, la majorité relative est suffisante.

VII. — Le Conseil de direction représente la Société et statue sur toutes les affaires concernant son administration. Il est chargé de la direction des travaux et de l'administration des fonds de la Société. Il autorise les dépenses ; il ordonne et surveille les publications.

VIII. — Le Trésorier acquitte toutes les dépenses, préalablement autorisées par le Conseil et ordonnancées par le Secrétaire-Général.

Il acquitte également les dépenses pour le patronage sur un bon à payer, signé par le Président.

IX. — Le Trésorier demeure chargé de la conservation des livres, titres et papiers de la Société.

X. — A la fin de chaque année, le Trésorier présente son compte au Conseil qui, après vérification, est visé et arrêté par le Président qui le signe : « au nom du Conseil de direction. »